Mon cahier d'activités

Certaines
Sont des
Princesses
Moi je suis une
Magicienne

NEE
POUR
Briller

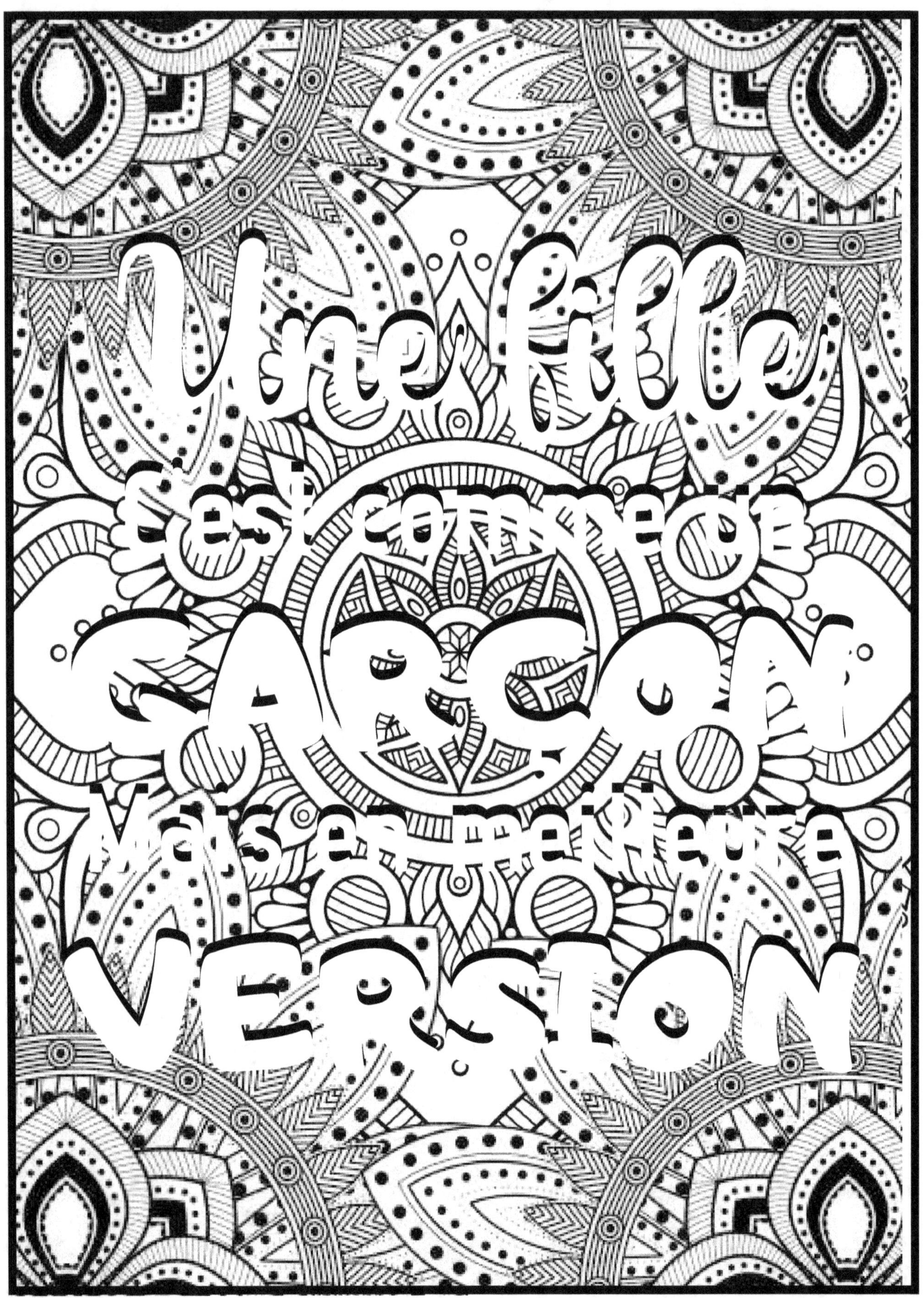

Une fille
c'est comme un
GARÇON
Mais en meilleure
VERSION

JE SUIS
Trop Géniale
C'est
AGAÇANT

JE SUIS UNE
Fée
La Fée
BÂCHIE

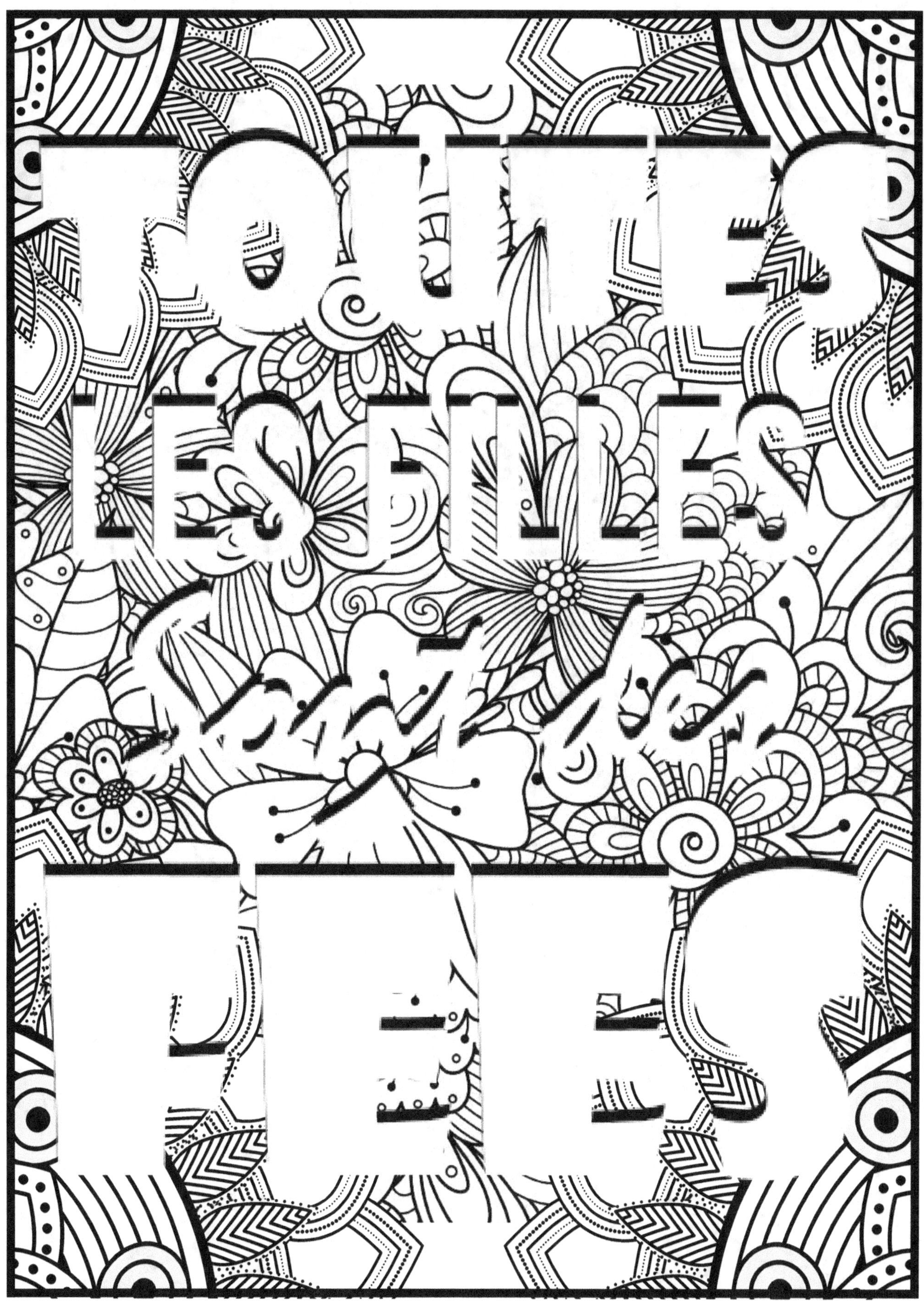
TOUTES
LES FILLES
sont des
FOLLES

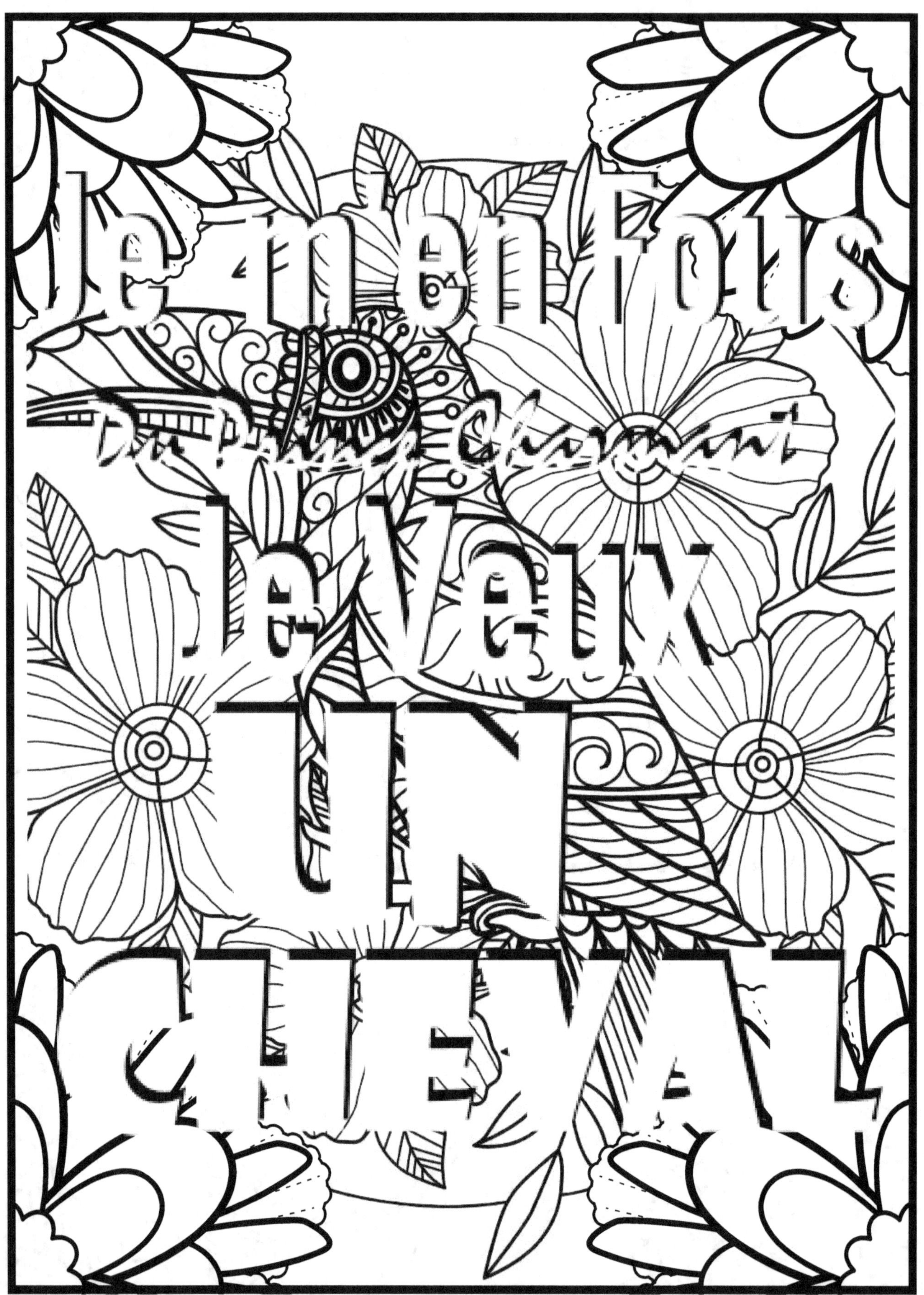

Je m'en Fous
Du Prince Charmant
Je Veux
UN
CHEVAL

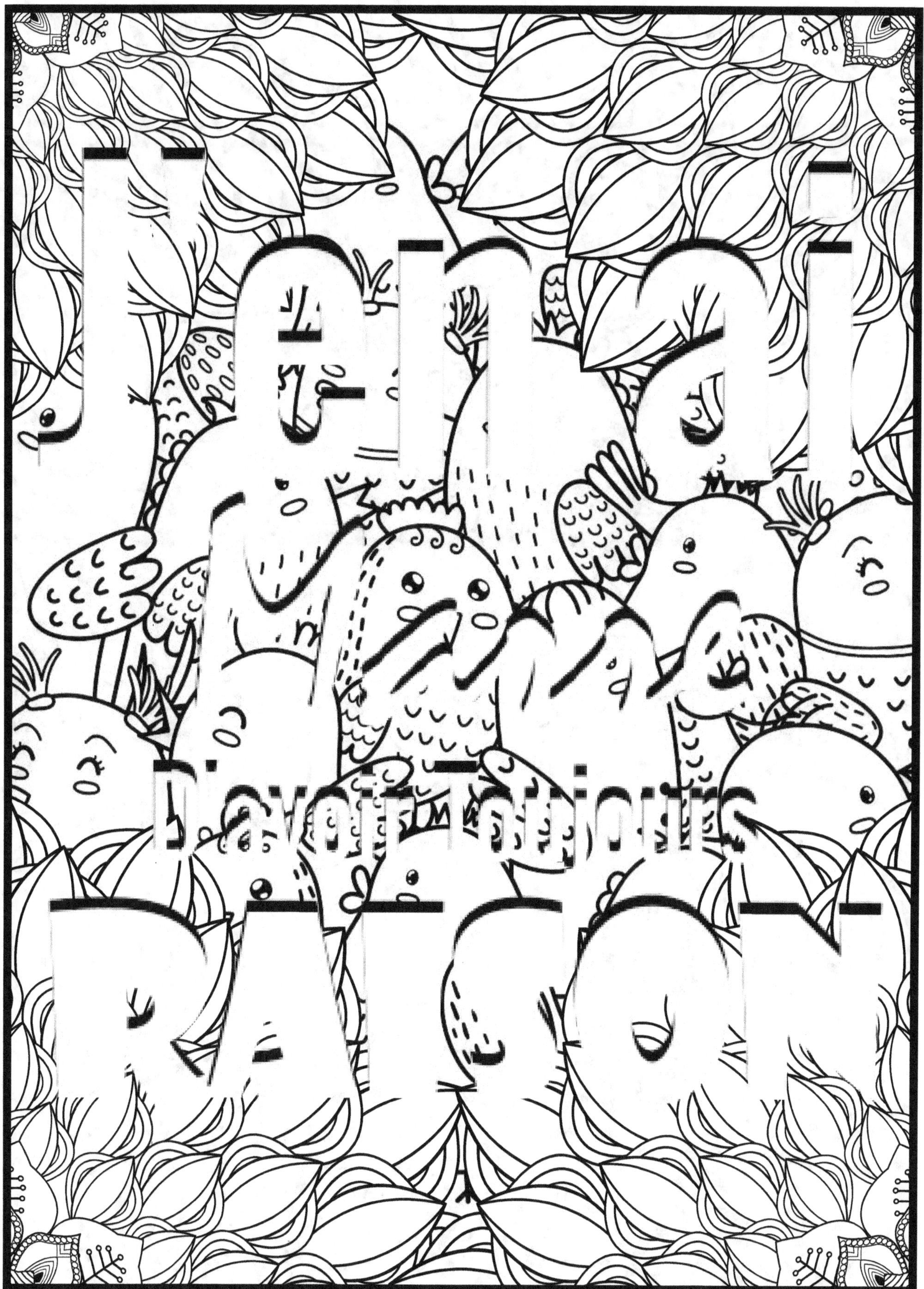

Je n'ai
D'avoir Toujours
RAISON

Beautiful
Best Mom
Super
Grandma

LES PRINCES
Existent
BISCUITS

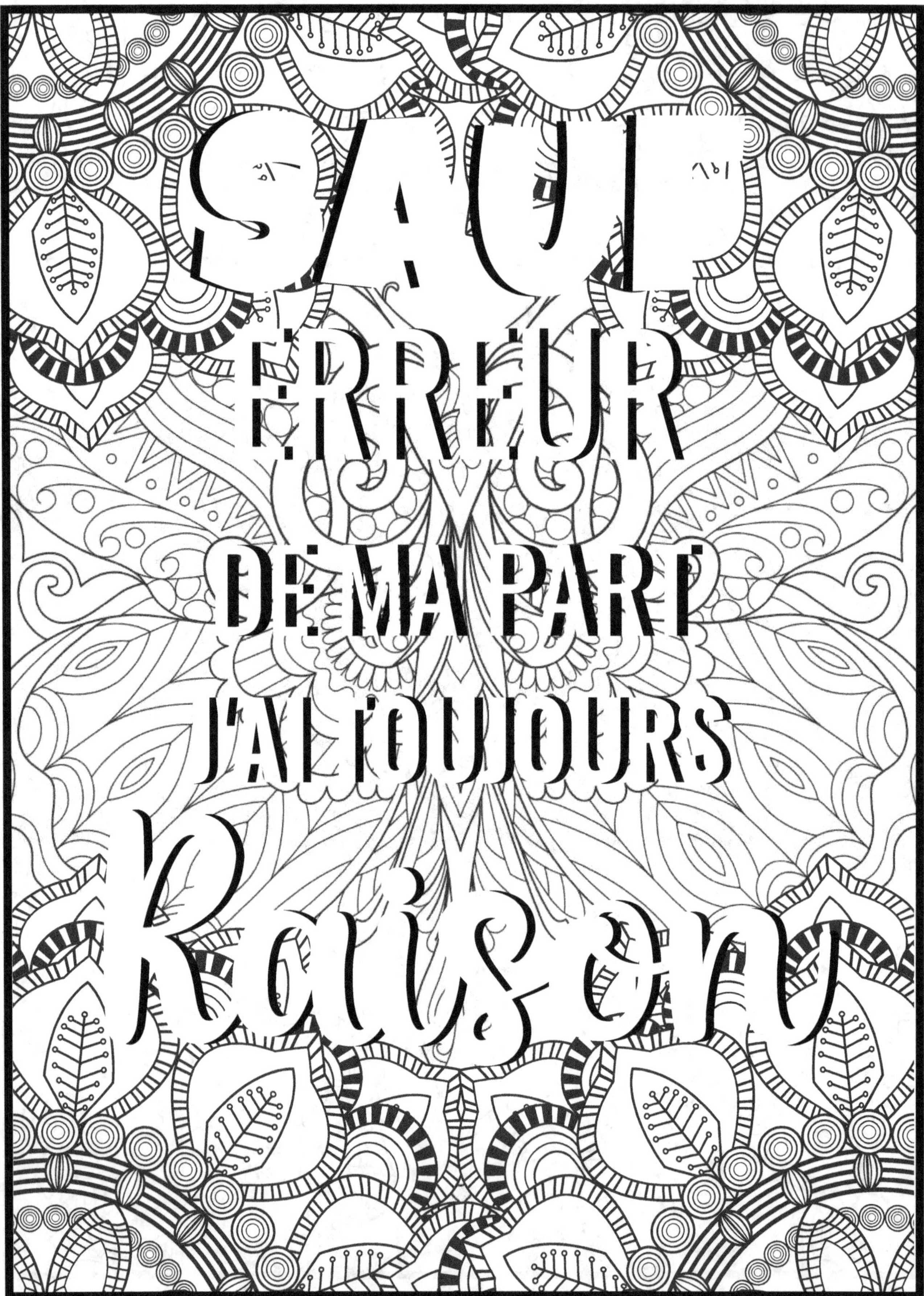

SAUF
ERREUR
DE MA PART
J'AI TOUJOURS
Raison

Jem'en
fish

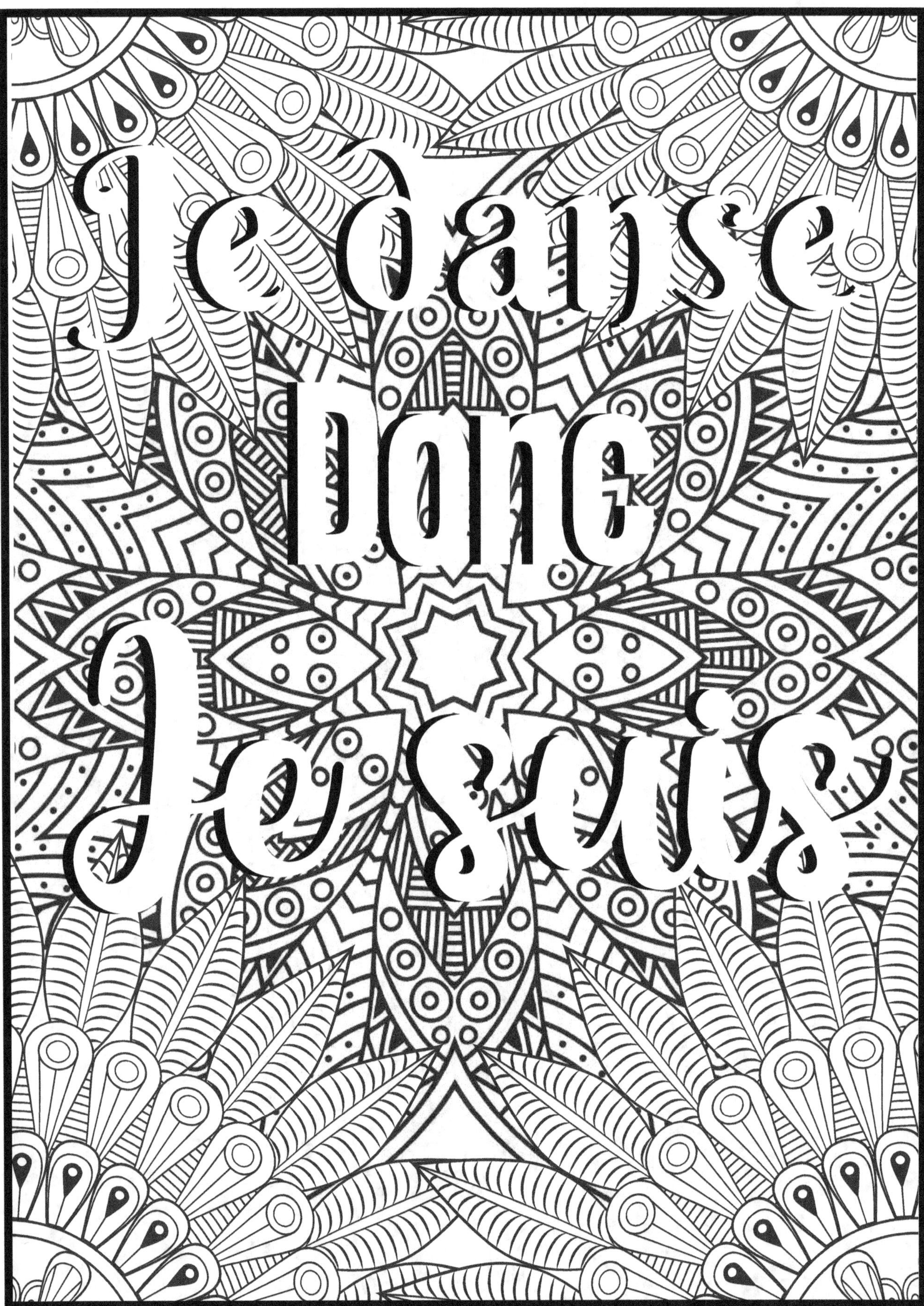

Je danse
donc
je suis

Parfois je suis
si géniale
Que j'aimerais
M'avoir en
amie

Ne me jugez pas
j'essa'ime mes pas
être Geniale
PAS PARFAITE

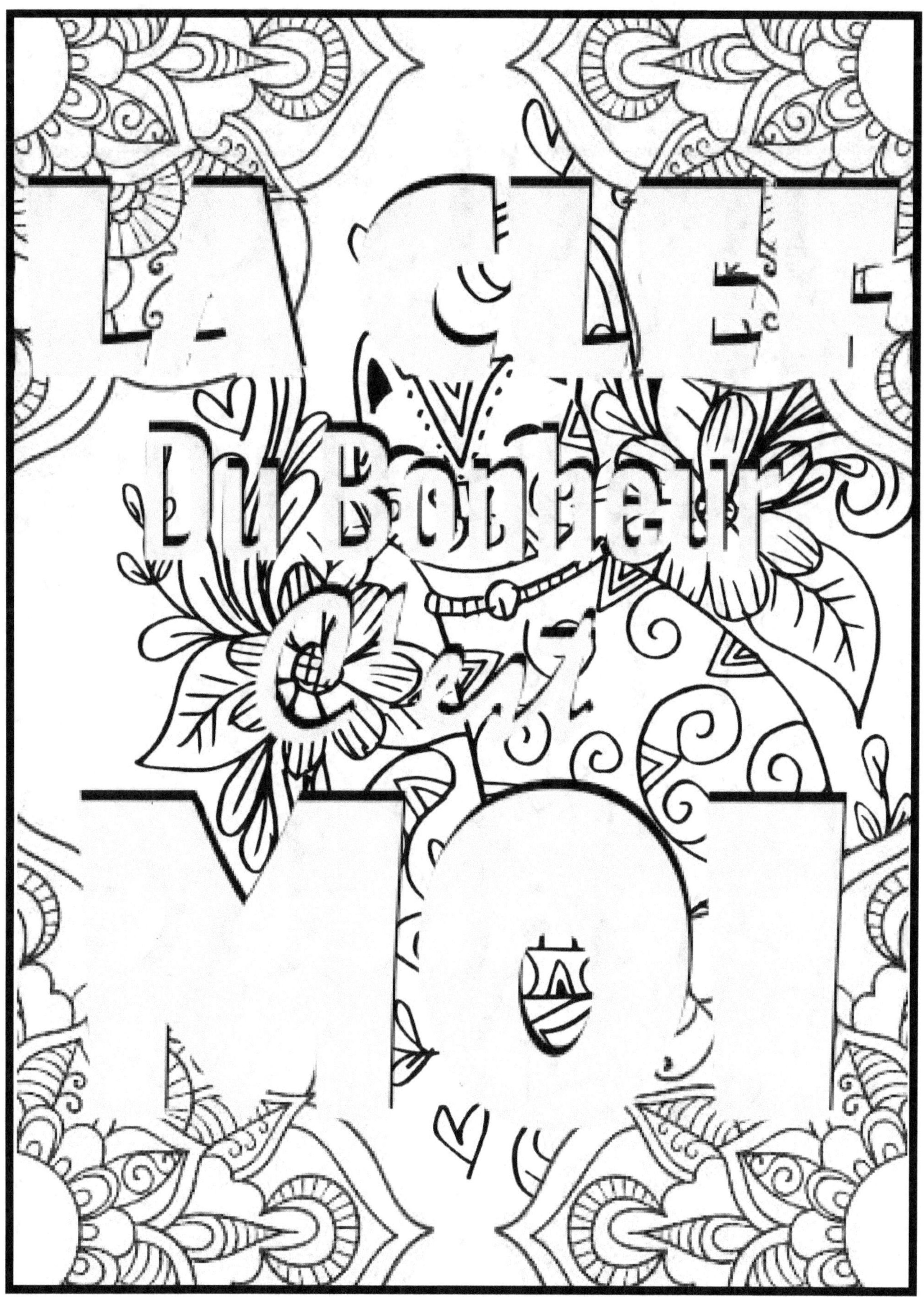

LA CLEF
Du Bonheur
C'est
MOI

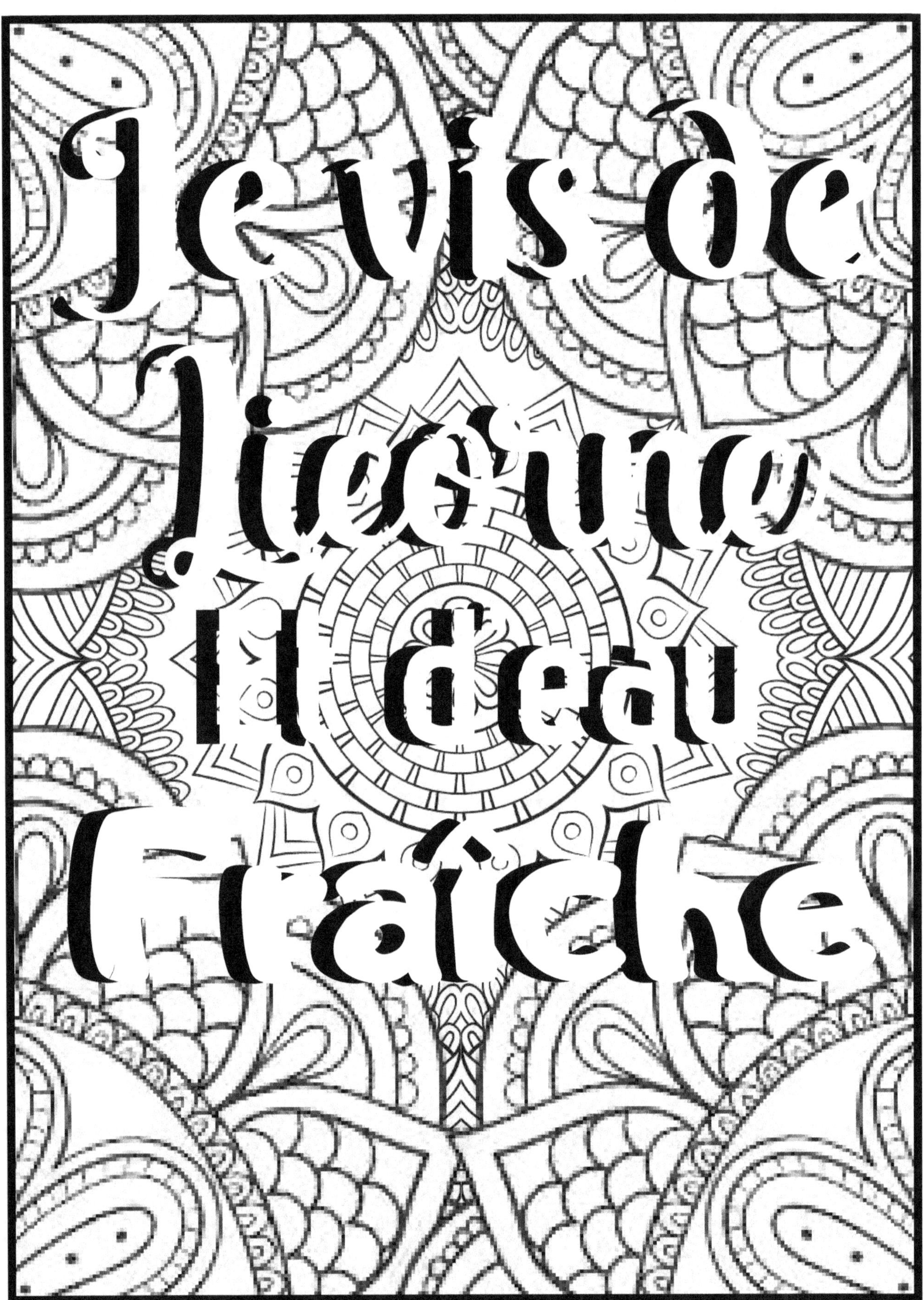

Je vis de
licorne
et d'eau
fraîche

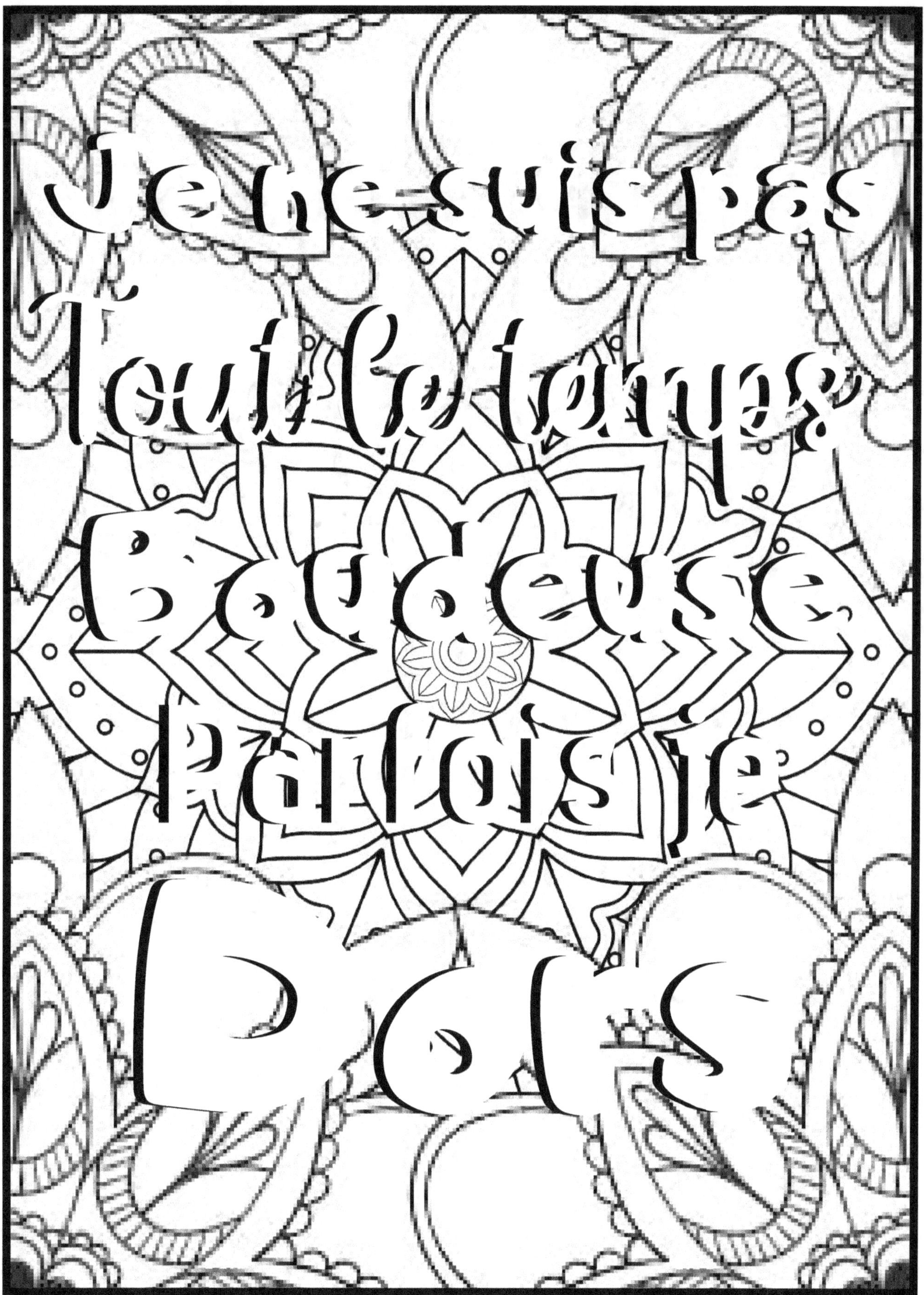

Je ne suis pas
tout le temps
Boudeuse
Parfois je
Dors

Chiante
Boudeuse
Râleuse
Mais
Adorable

Ne
Grandissez pas
C'est une
Arnaque

Je
Ne
Ronfle pas
Je
Ronronne

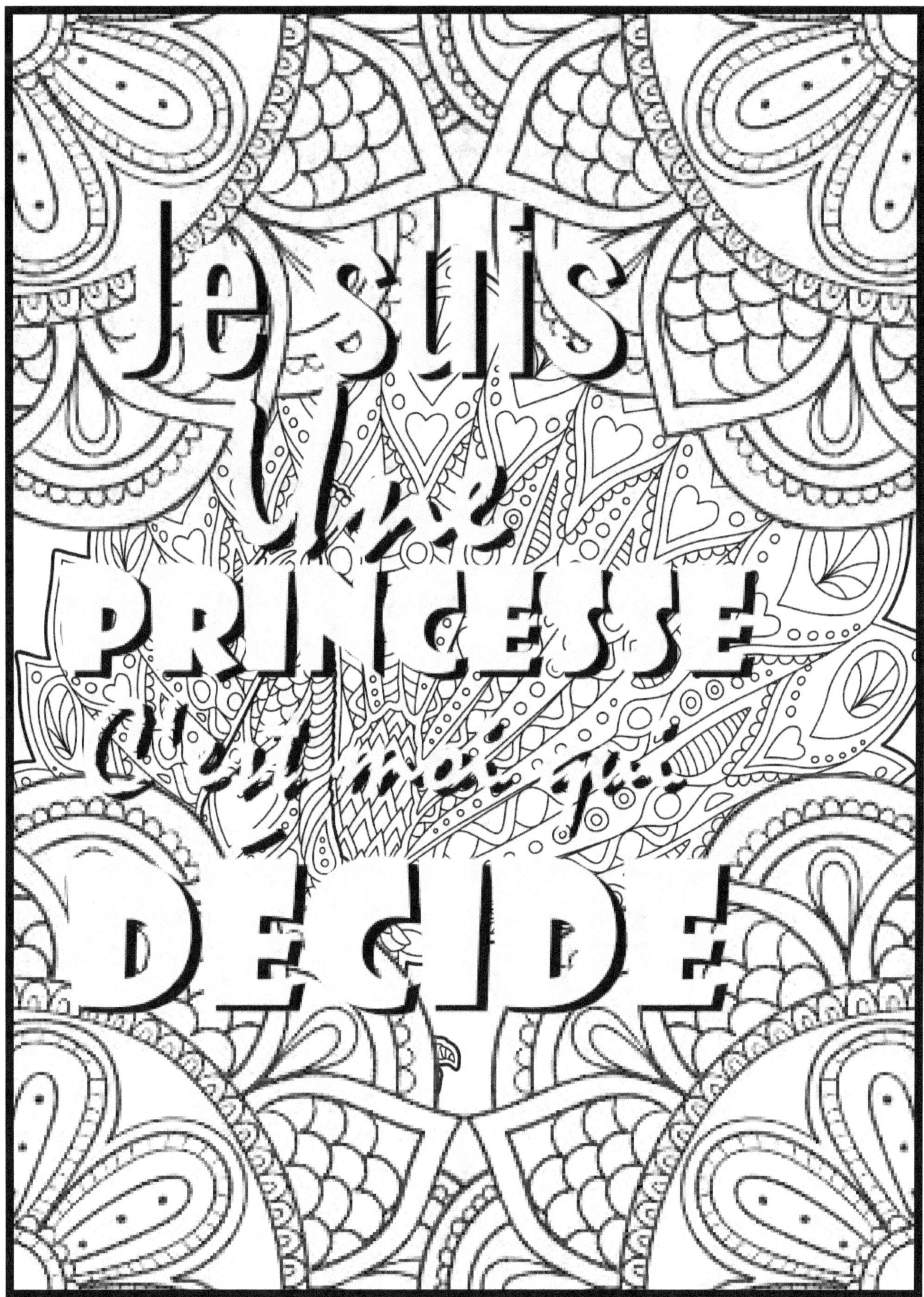

Je suis
une
PRINCESSE
c'est moi qui
DECIDE

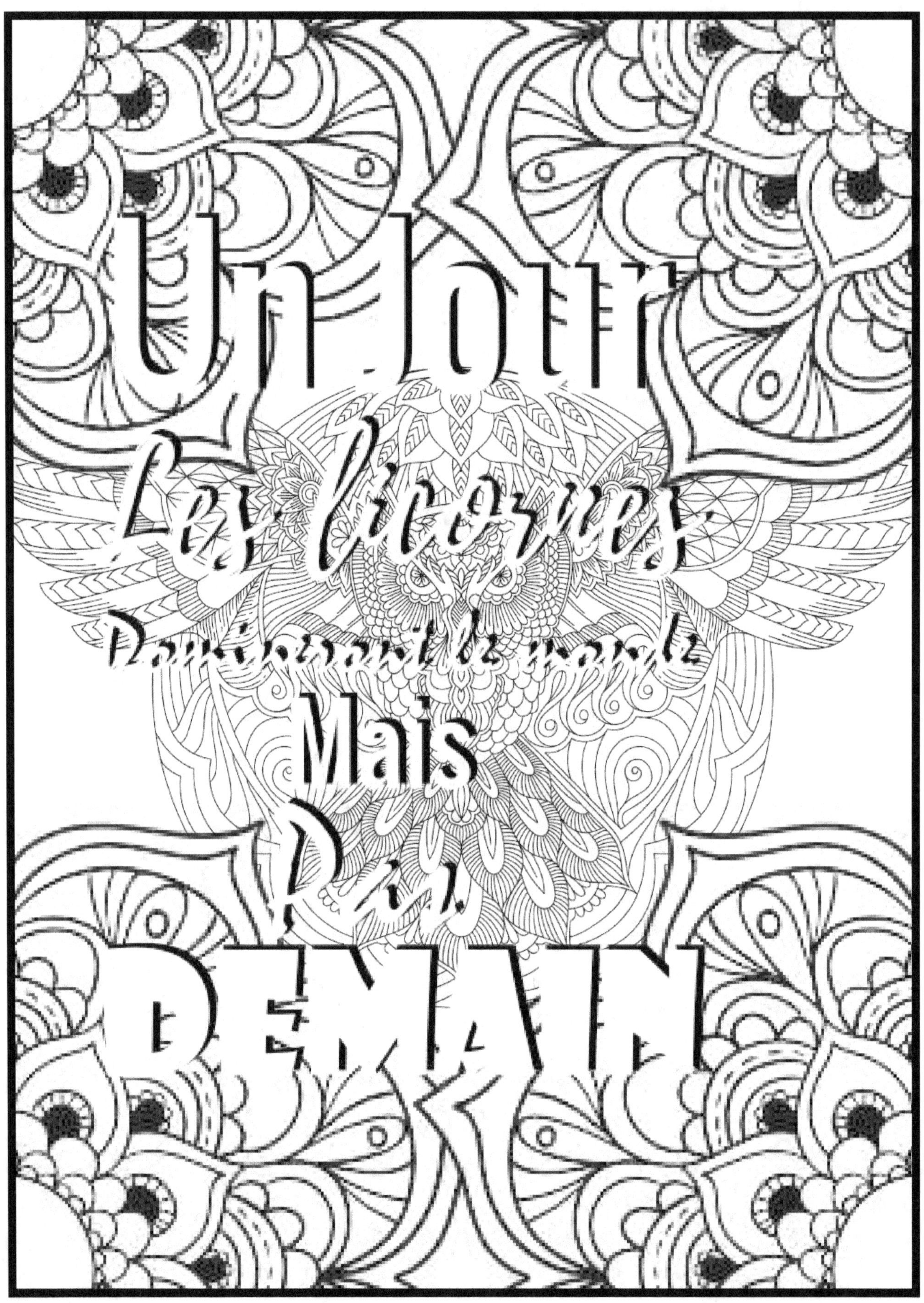

Un Jour
Les licornes
Domineront le monde
Mais
Pas...
DEMAIN

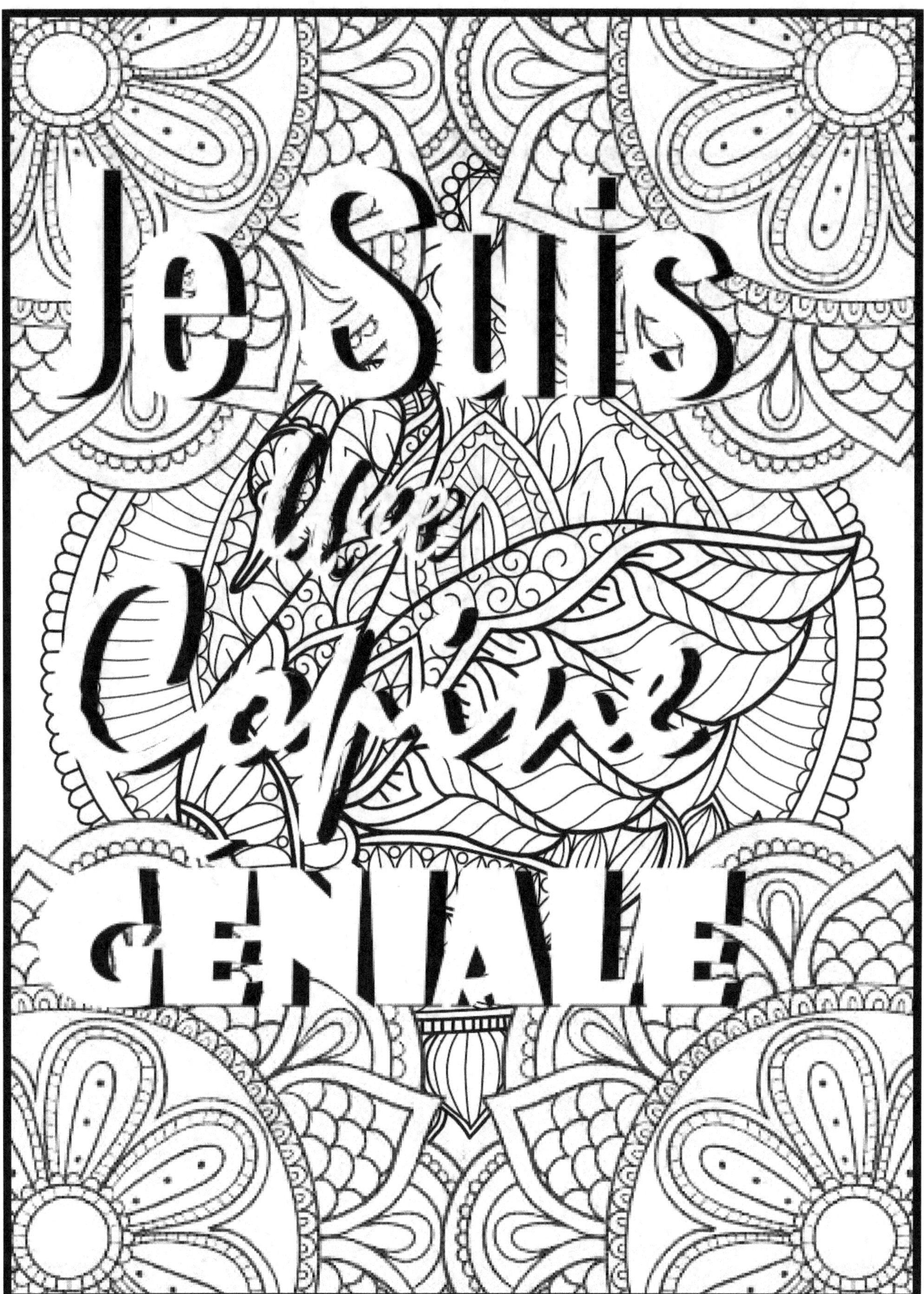
Je Suis
une femme
GENIALE

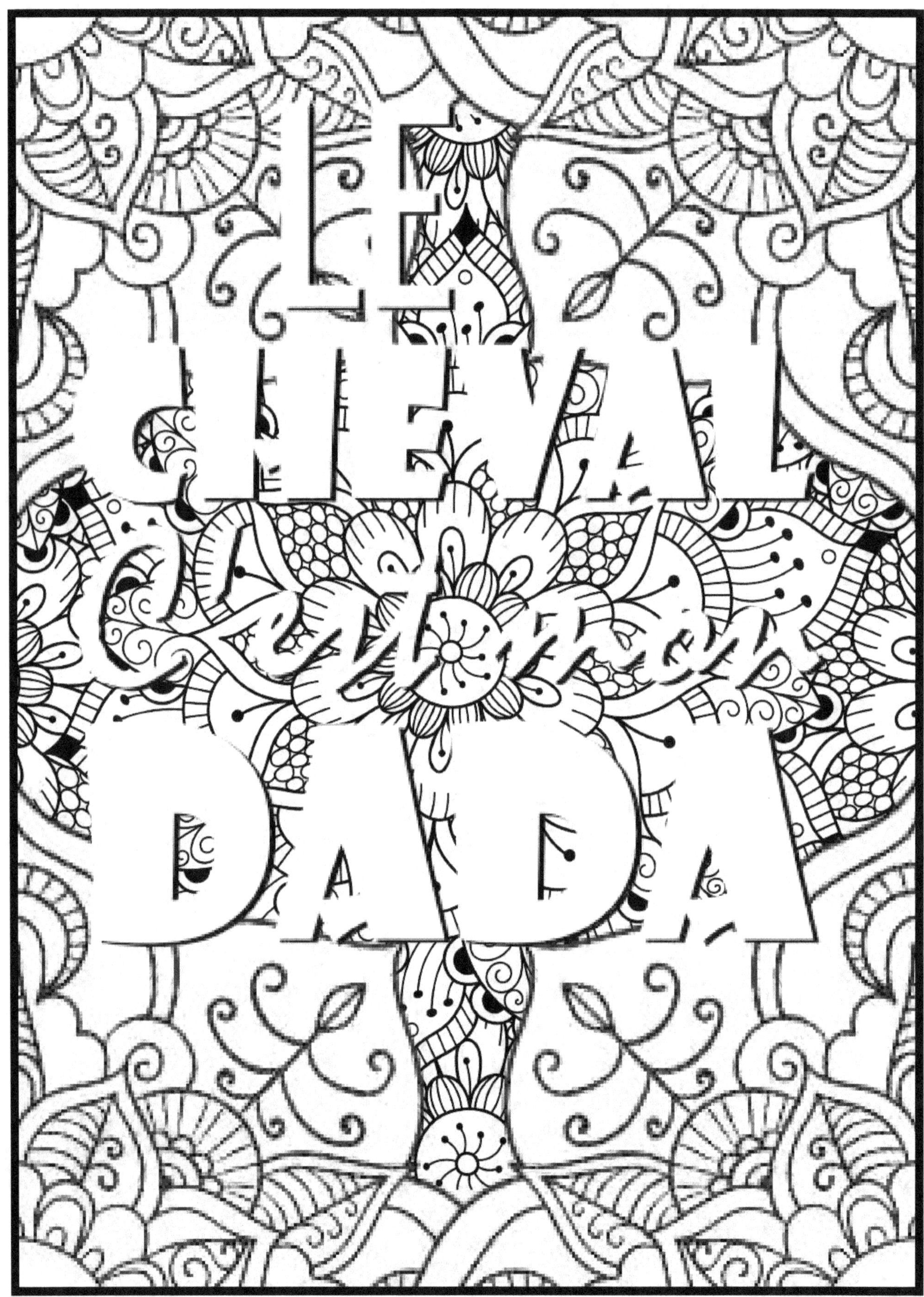

LE
CHEVAL
DADA

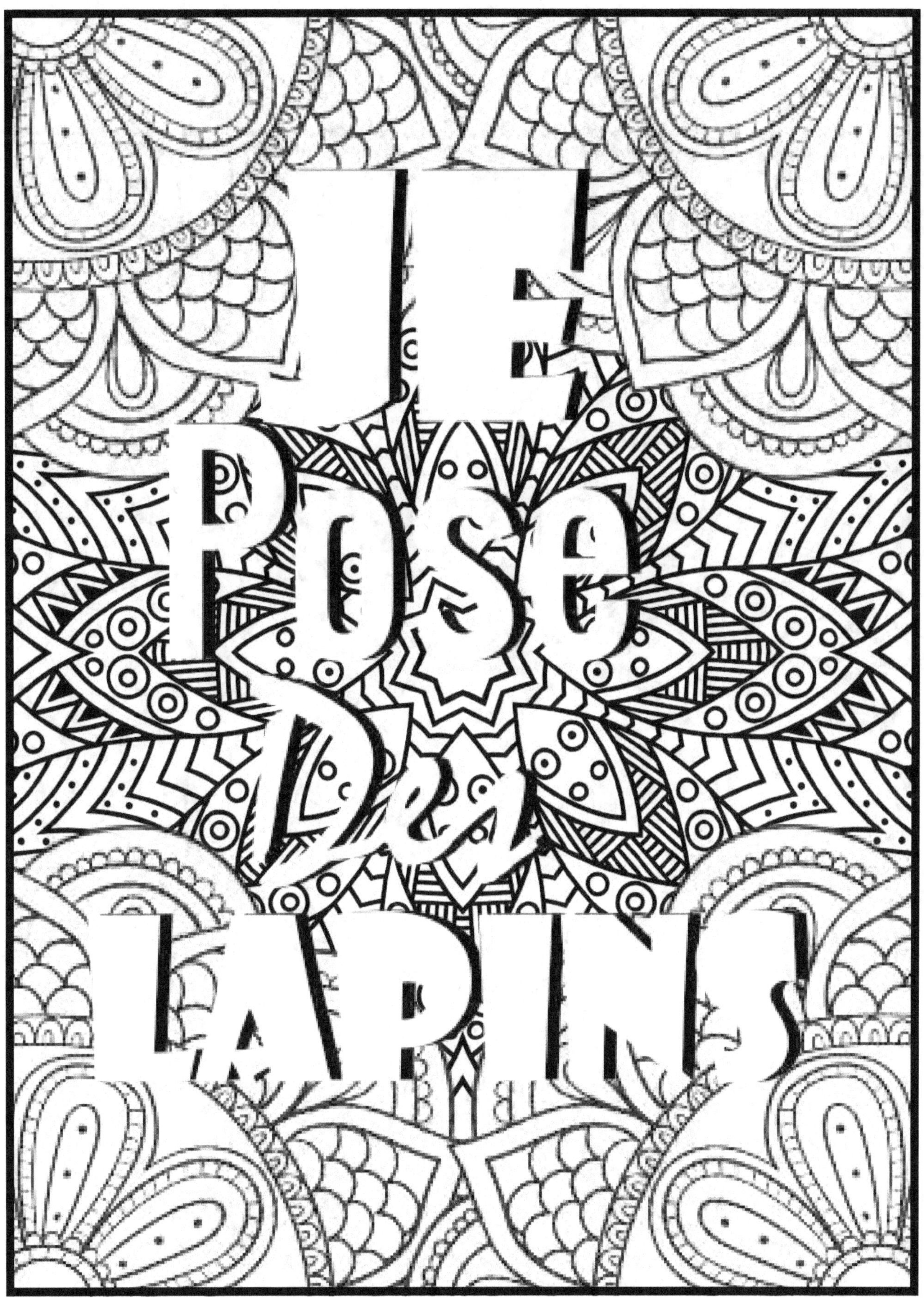
JE POSE DES LAPINS

FOLIE
DE
FOOT

JE NE PEUX
PAS
SIRENE

Je suis
PETITE
CHERCHE PAS

JE
SUIS
DESTINÉE

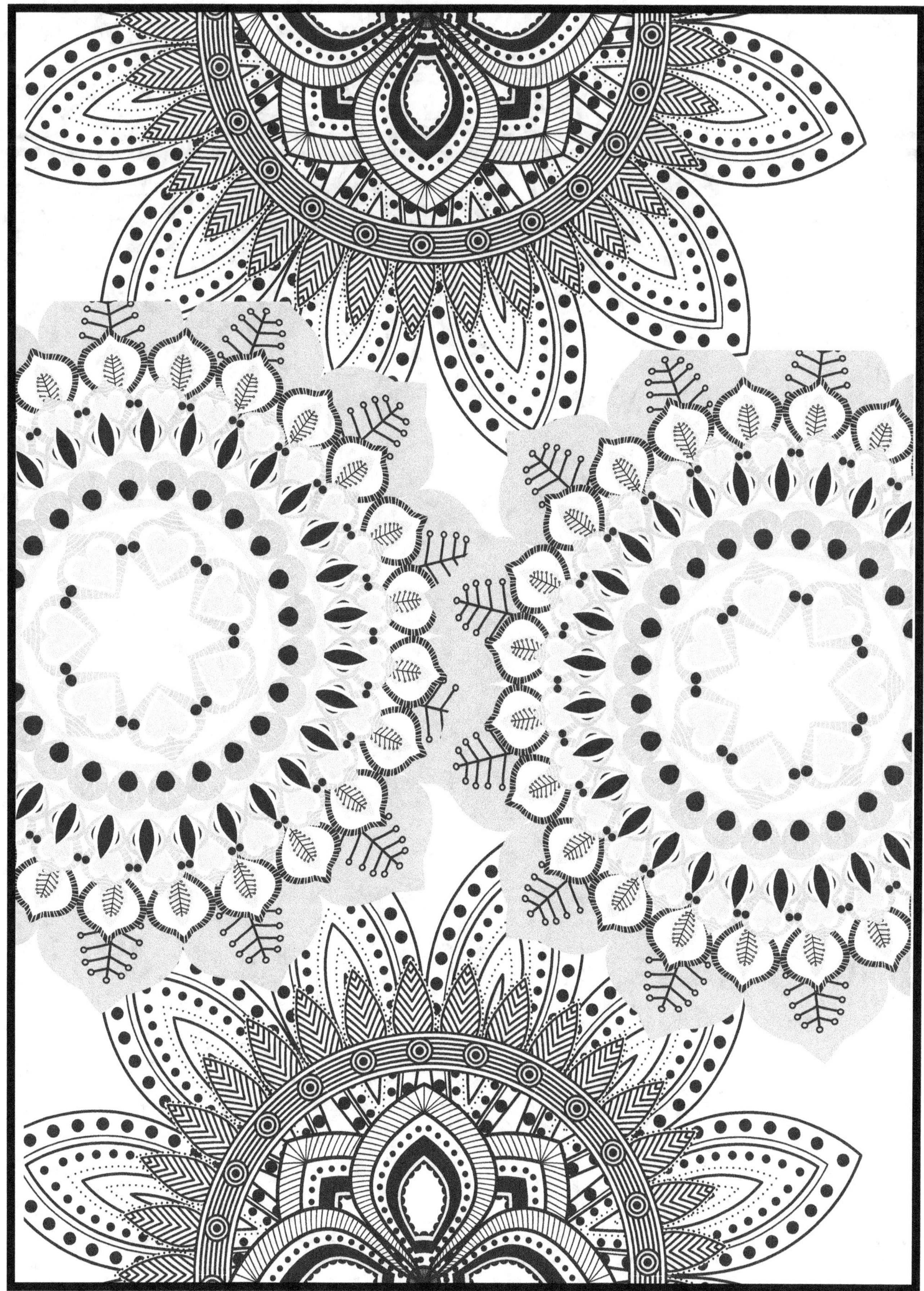

ANIMAUX #1

```
T E E C M Q L W
E L T G R O I J
U C O N C E È S
Z A K C A Y V X
S O R E N A R D
Q Z W R A N E T
S Y F F R B W S
Z X W I D J K I
```

CANARD   CERF   LIÈVRE
ONCE   RENARD

MOUTON   **PAON**   **PITON**
TAUREAU   **WOMBAT**

ANIMAUX #3

GLOUTON   LYNX   NOCTULE
PÉLICAN   TOUCAN

ANIMAUX #4

CAPUCIN CHIEN ESPADON
OUISTITI PÉCARIS

ANIMAUX #5

BISON   COBAYE   FURET
GERBILLE   PIE

ANIMAUX #6

BALEINE   CYGNE   POULE
POULET   TAUPE

COATI **GORET** **HAMSTER**
HYÈNE **YACK**

COCHON   ÉLÉPHANT   LAMA
LAMANTIN   LOUP

AIRELLE **ANANAS** **CITRON**
COING **TAXO**

CERISE CROSNE ENDIVE

GRIOTTE POIREAU

FRUITS ET LÉGUMES #3

BETTE   MAÏS   MERISE

NAVET   POIRE

FRUITS ET LÉGUMES #4

CRESSON   FENOUIL   KANCON
MARRON   UDO

FRUITS ET LÉGUMES #5

CAROTTE   MELON   MÛRE
POMME   WAKAME

FRUITS ET LÉGUMES #6

CAÏMITE   **JACQUE**   **PEPINO**

VANILLE   **ZATTE**

KAKI QUETSCHE RADIS
RHUBARBE SALADE

FRUITS ET LÉGUMES #8

AÇAÏ   BRUGNON   MINEOLA

PITAYA   PRUNEAU

ESQUIF   GALÈRE   KAYAK
SKATE   TRAIN

CHEVAL   NAVIRE   PÉDALO
SKI   VOILIER

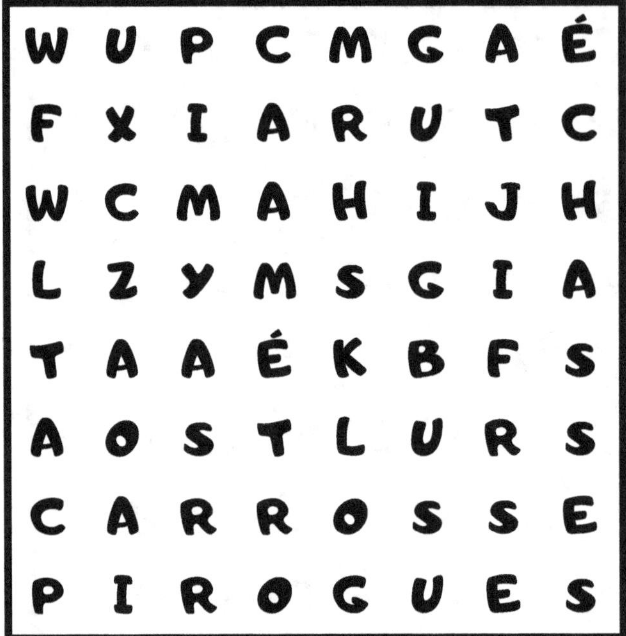

BUS   CARROSSE ÉCHASSES
MÉTRO   PIROGUE

MOYENS DE TRANSPORT #4

AUTOBUS   FIACRE   LIGNEUR
PAQUEBOT   ROLLER

BARQUE BROUETTE GONDOLE
SEGWAY VOITURE

ACCON　　AÉRONEF　AUTOCAR
OMNIBUS　TANK

MOYENS DE TRANSPORT #7

BATEAU   **CAMION**   **ÉLÉPHANT**
PÉNICHE   **QUAD**

AVION   CANOT   FUSÉE
PLANEUR   ZEPPELIN

PARTIES DU CORPS HUMAIN #1

ESTOMAC   GLAND   LUETTE
OEIL   TRACHÉE

PARTIES DU CORPS HUMAIN #2

ISCHION   NEZ   ORTEIL

POUMON   SEIN

AORTE   BRAS   JAMBE
MOLLET   POITRINE

CIL   ÉTRIER   STERNUM

TARSE   VENTRE

PARTIES DU CORPS HUMAIN #5

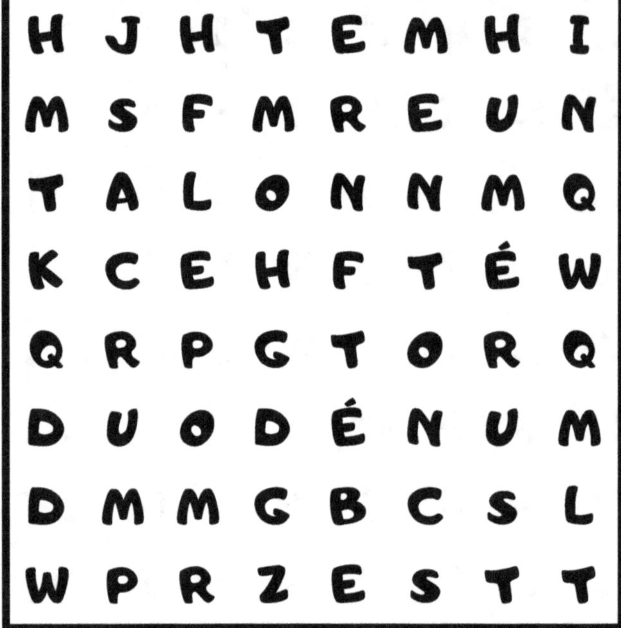

DUODÉNUM   HUMÉRUS   MENTON
SACRUM   TALON

PARTIES DU CORPS HUMAIN #6

PIED   RECTUM   REIN
TÉTON   TRAPÈZE

CHEVEUX   CRÂNE   NERF
ONGLE   PEAU

PARTIES DU CORPS HUMAIN #8

ARTÈRE   CARPE   COU

GORGE   TEMPE

MONNAIES #1

DENAR   DRAM   KINA
SOM   SOMONI

MONNAIES #2

DONG   KIP   RINGGIT
RUFIYAA   TAKA

MONNAIES #3

BAHT   CEDI   TENGE
YEN   YUAN

MONNAIES #4

AFGHANI   EURO   HRYVNIA
NGULTRUM   SUM

KYAT   **PA'ANGA**   **TALA**
TUGRIK   **VATU**

KUNA RIEL SHEKEL

PAYS #1

ANGOLA   **CAP VERT**   **MALAISIE**

VIERGES   **YEMEN**

BIRMANIE **BRUNEI** **CROATIE**
NAURU **NIUE**

IRAK **KENYA** **LIBAN**
SLOVÉNIE **VANUATU**

BOLIVIE   **JAPON**   **QATAR**
SAMOA   **SUISSE**

FRANCE   ISLANDE   JORDANIE
MONACO   PAKISTAN

COOK   ESTONIE   ETHIOPIE
GUINÉE   UKRAINE

BAHRAIN   **GUYANE**   **MYANMAR**
ROUMANIE   **TONGA**

PAYS #8

CHINE   GÉORGIE   IRLANDE
ITALIE   TCHAD

LES FLEURS #1

BLEUET   GREBERA   LILAS
PAVOT   ROSE

LES FLEURS #2

ANCOLIE   CHARDON   GIROFLÉE
HYSOPE   LUNAIRE

LES FLEURS #3

MAUVE   MUSCARI   ONONIS

RENOUÉE   SAUGE

LES FLEURS #4

DAHLIA   **GAILLET**   **LYS**

ORIGAN   **PETUNIA**

LES FLEURS #5

GÉRANIUM   GESSE   LAMIER
LISERON   PIVOINE

LES FLEURS #6

BÉGONIA   GENÊT   JOUBARDE
NENUPHAR   SANVE

LES FLEURS #7

BUGLOSE KALMIE MOURON
ORCHIDÉE RÉSÉDA

LES FLEURS #8

CARLINE   EPILOBE   LOTUS
PHACÉLIE   VIOLETTE

CAPITALES #1

BERLIN   **LE CAIRE**   **NIAMEY**
OTTAWA   **ZAGREB**

CAPITALES #2

APIA BISSAU EREVAN
LISBONNE MANAGUA

BRASILIA **DAKAR** **MALÉ**
PANAMA **VATICAN**

CAPITALES #4

DILI   LIMA   RIGA
VILNIUS   YAOUNDÉ

ASUNCIÓN BANGUI LONDRES
MBABANE TBILISSI

CAPITALES #6

ASMARA   ATHÈNES   HANOÏ
SOFIA   TUNIS

CAPITALES #7

ANKARA   BAKOU   BANGKOK
RABAT   TOKYO

CAPITALES #8

ABUJA   KABOUL   LUSAKA

MINSK   NASSAU

VILLES DE FRANCE #1

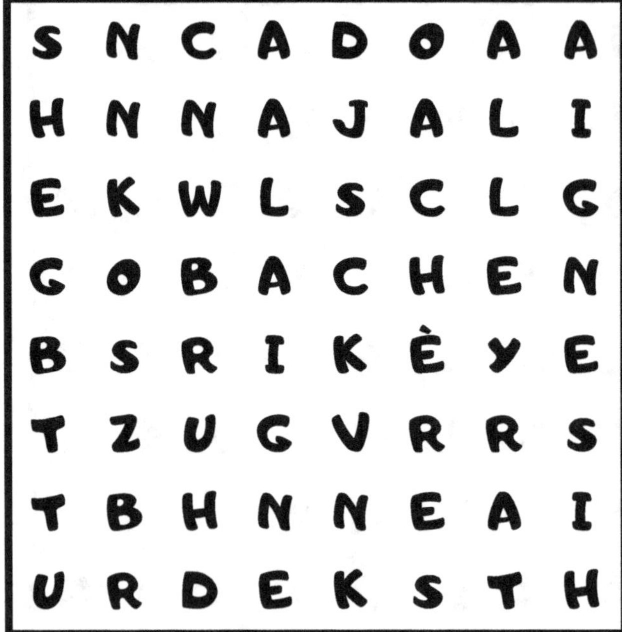

ACHEN　　ACHÈRES　　AIGNES
ALAIGNE　　ALLEYRAT

VILLES DE FRANCE #2

AJACCIO   ALLAIN   AMBAZAC
AMBEL   AMBERT

VILLES DE FRANCE #3

AGMÉ   AGY   ALMAYRAC
ALTKIRCH   AMANCEY

VILLES DE FRANCE #4

AIZELLES   ALLUY   ALRANCE
ALSTING   AMÉCOURT

VILLES DE FRANCE #5

AGONAC   ALAN   ALBON

ALLIER   AMBAX

ABLIS   **ACCOUS**   **AHUN**
ALGAJOLA **ALLAMPS**

ABOËN   AIREL   ALBI
ALLANCHE   ALLÈVES

VILLES DE FRANCE #8

ABRIÈS   ACHEY   ALBIAC
ALIZAY   ALLONNE

ACAJOU   ALBIZIA   BUIS
EPICÉA   ERHETIA

ABELIA BAMBOU BÉLOMBRA
CÈDRE COMBAVA

ARBRES #3

ACACIA   **ADENIA**   **AULNE**
BILIMBI   **CEIBA**

AMANDIER BOULEAU CACTUS
CHÊNE EPINETTE

ACEROLA AGAVE CATALPA
CHARME ERABLE

# ARBRES #6

BIGNONE CORMIER CYPRÈS
CYTISE FEIJOA

ARBRES #7

AILANTE   AUBÉPINE BANANIER
BAOBAB   DEUTZIA

**ADENIUM   BERBERIS   BIBACIER
CAMÉLIA   CERISIER**

MÉTIERS #1

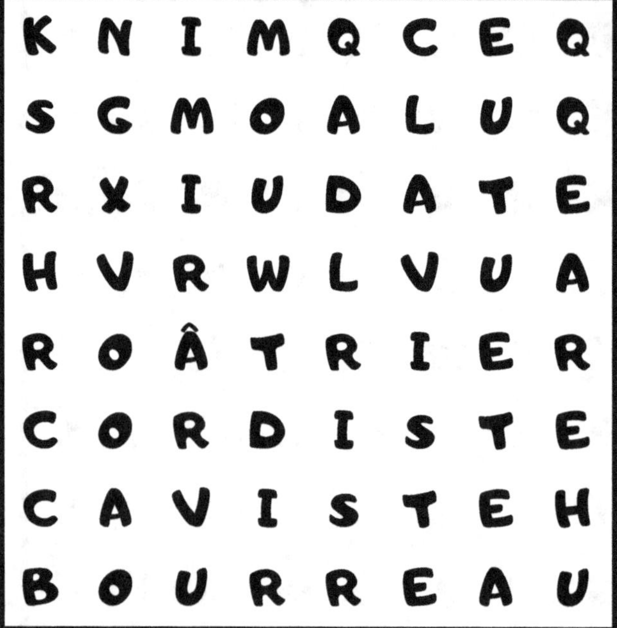

ÂTRIER   BOURREAU   CAVISTE
CLAVISTE   CORDISTE

MÉTIERS #2

ARMATEUR   ATSEM   CAISSIER
CHAUMIER   COACH

ACTEUR   AGENT   AGRONOME
ARMURIER   ASVP

MÉTIERS #4

ACROBATE   AVOCAT   CADREUR
CARISTE   CIRIER

ACHETEUR BRONZIER   BUTLER
CHANTEUR CHARGEUR

MÉTIERS #6

ASSUREUR   BARMAN   BERGER
BRUITEUR   CISELEUR

AVOUÉ   BATELIER   BRODEUR
CAMBISTE   COIFFEUR

AES   AUDITEUR   BARBIER
BOUCHER   CASTER